Mis emociones

ENOJADO

Un libro de Las Raíces de Crabtree

AMY CULLIFORD
Traducción de Pablo de la Vega

CRABTREE
Publishing Company
www.crabtreebooks.com

Apoyos de la escuela a los hogares para cuidadores y maestros

Este libro ayuda a los niños en su desarrollo al permitirles practicar la lectura. Abajo están algunas preguntas guía para ayudar al lector a fortalecer sus habilidades de comprensión. En rojo hay algunas opciones de respuesta.

Antes de leer:

• ¿De qué pienso que trata este libro?
  • *Este libro es sobre el enojo.*
  • *Este libro es sobre cómo se ve o se siente estar enojado.*
• ¿Qué quiero aprender sobre este tema?
  • *Quiero aprender qué debo hacer si me siento enojado.*
  • *Quiero aprender cómo se ve una persona enojada.*

Durante la lectura:

• Me pregunto por qué...
  • *Me pregunto por qué gritamos cuando estamos enojados.*
  • *Me pregunto por qué fruncimos el ceño cuando estamos enojados.*
• ¿Qué he aprendido hasta ahora?
  • *Aprendí que el enojo es una emoción.*
  • *Aprendí que dibujar puede ayudarte cuando estás enojado.*

Después de leer:

• ¿Qué detalles aprendí de este tema?
  • *Aprendí que está bien sentirse enojado.*
  • *Aprendí que hay muchas maneras de tranquilizarte cuando te enojas.*
• Lee el libro una vez más y busca las palabras del vocabulario.
  • *Veo la palabra **verduras** en la página 4 y la palabra **grito** en la página 7. Las demás palabras del vocabulario están en la página 14.*

¿Por qué estoy **enojado**?

Me enojo cuando como **verduras**.

Grito cuando
me enojo.

Me enojo cuando
nadie puede jugar.

Frunzo el ceño cuando estoy enojado.

¿Qué puedo hacer
si me enojo?

Puedo **dibujar**.

Puedo pasear
en mi **bicicleta**.

Lista de palabras

Palabras de uso común

como	hacer	por
cuando	me	puedo
en	mi	qué
estoy	nadie	si

Palabras para conocer

bicicleta

dibujar

enojado

frunzo el ceño

grito

verduras

38 palabras

¿Por qué estoy **enojado**?

Me enojo cuando como **verduras**.

Grito cuando me enojo.

Me enojo cuando nadie puede jugar.

Frunzo el ceño cuando estoy enojado.

¿Qué puedo hacer si me enojo?

Puedo **dibujar**.

Puedo pasear en mi **bicicleta**.

Mis emociones
ENOJADO

Written by: Amy Culliford
Designed by: Rhea Wallace
Series Development: James Earley
Proofreader: Ellen Rodger
Educational Consultant:
Marie Lemke M.Ed.
Translation to Spanish:
Pablo de la Vega
Spanish-language layout and
proofread: Base Tres
Print and production coordinator:
Katherine Berti

Photographs:
Shutterstock: Juan Pablo Gonzaález: cover; maxim
ibragimov: p. 1; TY Lim: p. 3, 14; thevisualsyou
need: p. 5, 14; wavebreakmedia: p. 6, 14; Olga
Enger: p. 8-9, 14; Mandy Godbehear: p. 10; Julia
Kuzhetsova: p. 11, 14; Spotmatik Ltd: p. 13, 14

Library and Archives Canada Cataloguing in Publication
Title: Enojado / Amy Culliford.
Other titles: Angry. Spanish
Names: Culliford, Amy, 1992- author. | Vega, Pablo de la, translator.
Description: Series statement: Mis emociones | Translation of: Angry. |
    Translation to Spanish: Pablo de la Vega. | "Un libro de las raíces
    de Crabtree". | Text in Spanish.
Identifiers: Canadiana (print) 20210207973 |
    Canadiana (ebook) 20210207981 |
    ISBN 9781427139986 (hardcover) |
    ISBN 9781427140043 (softcover) |
    ISBN 9781427139863 (HTML) |
    ISBN 9781427139924 (EPUB) |
    ISBN 9781427140104 (read-along ebook)
Subjects: LCSH: Anger in children—Juvenile literature. |
    LCSH: Anger—Juvenile literature.
Classification: LCC BF723.A4 C8518 2022 | DDC j152.4/7—dc23

Library of Congress Cataloging-in-Publication Data
Names: Culliford, Amy, 1992- author. | Vega, Pablo de la, translator.
Title: Enojado / Amy Culliford ; [translated by] Pablo de la Vega.
Other titles: Angry. Spanish
Description: New York, NY : Crabtree Publishing Company, 2022. | Series:
    Mis emociones, un libro de las raíces de Crabtree | Includes index.
Identifiers: LCCN 2021019843 (print) |
    LCCN 2021019844 (ebook) |
    ISBN 9781427139986 (hardcover) |
    ISBN 9781427140043 (paperback) |
    ISBN 9781427139863 (ebook) |
    ISBN 9781427139924 (epub) |
    ISBN 9781427140104
Subjects: LCSH: Anger in children--Juvenile literature. | Anger--Juvenile literature. |
    Emotions in children--Juvenile literature.
Classification: LCC BF723.A4 C8518 2021 (print) | LCC BF723.A4 (ebook) |
    DDC 155.4/1247--dc23
LC record available at https://lccn.loc.gov/2021019843
LC ebook record available at https://lccn.loc.gov/2021019844

Crabtree Publishing Company

www.crabtreebooks.com   1-800-387-7650

Printed in the U.S.A./062021/CG20210401

Published in the United States
Crabtree Publishing
347 Fifth Avenue, Suite 1402-145
New York, NY, 10016

Published in Canada
Crabtree Publishing
616 Welland Ave.
St. Catharines, Ontario L2M 5V6